AF192786

REFUGIO

REFUGIO

TRAS EL 7 DE OCTUBRE

Oded Wolkstein • Joshua Cohen • Dror Mishani
• Elisa Albert • Maayan Eitan • Asaf Schurr •
Tehila Hakimi • Oded Carmeli • Maxim Biller •
Yaara Shehori • Aryeh Attias

NAGRELA
editores

© Instituto Israelí de Literatura Hebrea Edición bilingüe editada por Oded Wolkstein y Maayan Eitan.

Título original: *Shelter: October 7th and After*

© de la edición española, Nagrela Editores, S. L., 2024
Francisco Gervás, 8
28108 Alcobendas (Madrid)
Tel.: 91 662 63 02

Consejo editorial:
Samuel Bengio
David Jiménez Blanco
José Ignacio Jiménez Blanco
Susan Guenun
Rubén Lerner

© de las traducciones:
Ana Bejarano
Erica Consoli
Marta Mabres
Elena Fresco

Edición de los textos: Juan Carlos Chirinos
Diseño de cubierta: Andrea Israel

Maquetación: Arca Edinet S. L.
Impreso en Madrid

ISBN: 978-84-19426-38-3
Depósito Legal: M-7584-2024

Semuel ibn Nagrella (en hebreo Sh'muel ha-Levi ben Yosef ha-Nagid; Mérida, Badajoz, 993-1055) fue un poeta y filósofo sefardí que llegó a ser visir de Granada y general de sus ejércitos. Llamado por sus contemporáneos Ha-Naguid, *El Príncipe*, protegió incansablemente la ciencia judía y las escuelas talmúdicas, y emprendió una ambiciosa tarea erudita y literaria, especialmente centrada en el talmudismo y la gramática.

ÍNDICE

Oded Wolkstein

De cara al exterior la gran maquinaria empieza a arrancar, pero dentro sucede otra cosa. El tiempo se ha detenido.

Yuval Plotkin, *Haaretz*, 01.11.2023

En un momento dado del debate sobre el trauma, Freud se hace con el siguiente ejemplo: «Supóngase que un hombre abandone indemne en apariencia los sitios donde ha vivenciado un terrible accidente, por ejemplo un choque ferroviario, pero que en el curso de las semanas siguientes desarrolle una serie de graves síntomas psíquicos y motores, que uno sólo puede derivar de aquel choque, aquella conmoción, o lo que obrase sobre él en ese momento. Tiene ahora una "neurosis traumática". He aquí un hecho que en modo alguno entendemos, vale decir, un hecho nuevo».[*]

Cathy Caruth extirpa del ejemplo de Freud el núcleo del enigma que envuelve el trauma: ese alguien sale aparentemente

---

[*] Sigmund Freud, *Moisés y la religión monoteísta*, en *Obras Completas*, XXIII, Buenos Aires, Amorrortu Editores, 1991, p. 65.

indemne, sin un solo rasguño; el suceso no le ha dejado ni la más mínima marca, no ha penetrado incidiendo en su carne o en su espíritu. Es casi como si esa persona no hubiera estado allí. Aunque esa constatación es precisamente la raíz de la lesión traumática: si la víctima del accidente hubiera sufrido algún rasguño, entonces este habría quedado, a modo de firma, en su carne para marcar el momento y reafirmar la presencia del yo en el suceso, a modo de cartela del cuadro como un «yo estuve allí». Pero el trauma emana precisamente de la ausencia de todo ello. La experiencia ha sido tan extrema que anula la posibilidad de existir eliminando la experiencia del yo y registrándola (o no) desde el principio en el lugar del olvido y de la ausencia: «he estado allí como si no hubiera estado».

El trauma es, por lo tanto, un latido fallido, un espejo que no devuelve nada excepto la cortante dureza de su cristal; un momento arrancado al eje del tiempo, el claro calcinado de un bosque en el que ya nada brotará. El dolor es tan intenso que es huérfano desde el mismo momento de su nacimiento y como lo inunda todo, ahoga en él al mundo que sopesa si asumirlo: su radicalidad rechaza cualquier relación de pertenencia —es tuyo pero ya no lo es; eres tú, pero ya no eres tú. En *Tiempos difíciles*, de Dickens, una hija se inclina sobre el lecho de muerte de su madre. La hija pregunta, «¿madre, te duele?», y la madre le responde, «hay dolor en la habitación pero ya no estoy muy segura de que sea mío». ¿Cuántos de nosotros podemos estar seguros de que el dolor que sentimos hoy sea nuestro? El trauma abre un abismo en el centro de tu experiencia con un dolor que nunca ha sido completamente tuyo, un dolor mucho mayor del que puedas asumir y que golpea retrospectivamente los translúcidos vasos del olvido. Teniendo esto en cuenta, el trauma es olvido y, por eso, los días que lo siguen más que llevar a olvidar el recuerdo nos plantean una pregunta: ¿cómo se recuerda el olvido?

La mayoría de los israelíes salieron de los hechos del siete de octubre «aparentemente indemnes», en el sentido en que lo planteó Freud; súbditos de un tiempo arrancado de su eje, de un instante que son incapaces de adaptar a su lengua ni computarlo en sus vidas. Son prisioneros de un momento que ya no pueden adecuar a sus estándares ni acogerlo a su persona y, precisamente por eso, amenaza con persistir eternamente. Y si esto es así, ¿cómo regresar a un instante del que nunca te has ido? ¿Cómo marcharse de un lugar en el que desde el principio has estado como si no hubieras estado? Y con mayor motivo, ¿cómo recordar lo que en esencia es olvido?

Los textos reunidos en este compendio expresan los intentos de diez escritores, israelíes y no israelíes, por dejar una impronta pionera en ese instante eterno en el que tampoco ellos se encuentran, dando así las primeras señales del tiempo amnésico del accidente. Los textos difieren entre sí en espíritu y estilo, pero evidencian un vínculo por lo que evitan hacer: no se apresuran a recomponer las ruinas de la consciencia con estridentes tormentos narrativos. No les aplican cataplasmas a los pedazos rotos del tiempo con símiles a modo de parches, ni ceban a los caídos con ríos de palabras. Se arriesgan con un lenguaje del tiempo presente para hablarle al tiempo presente en su propio idioma: son cómplices de la consciencia no verbal, porque para hablar del momento en el que todo se detuvo hay que atreverse a parar; y de un momento en el que el olvido y la ausencia están profundamente enraizados en su esencia de ese momento, que persiste, es imposible acordarse más que con una lengua en la que hay olvido y no puede presentarse sino por medio de una lectura cuyas tortuosas raíces se hunden en la ausencia.

Habrá quien diga que esa ha sido siempre la lengua de la literatura. Es posible; pero parece que ahora la necesitamos más que nunca.

SHLOSHIM (DEL DIARIO)

Joshua Cohen

1.

Nosotros, los abajo firmantes, no firmaremos su carta. Estamos hartos de cartas, peticiones y masturbaciones mentales. Estamos hartos de Internet, de interpretaciones y de muerte. No apoyamos el asesinato, pero tampoco apoyamos el *kitsch*; de hecho, pedimos el asesinato del *kitsch* mientras duerme. Somos humanistas liberales que nos oponemos al concepto de humanismo liberal, o al menos al derecho a pronunciar las palabras «humanismo liberal» en voz alta. Reconocemos toda la existencia y todas las diferencias que existen en la existencia y nos identificamos como plurales contradictorios hasta el punto en el que «identificarse con» se convierte en «disculparse por» —y también lo sentimos por todas las comillas—. Creemos en Dios solo como condición previa para odiar a Dios. Nos dolemos con todos los que están en duelo que respetan nuestro duelo. No queremos quedar para tomar té, café o incluso «algo más fuerte».
Joshua Cohen
Joshua Cohen

Joshua Cohen
Joshua Cohen
Joshua Cohen
Joshua Cohen
Joshua Cohen
Joshua Cohen
Joshua Cohen
Joshua Cohen
Joshua Cohen
Joshua Cohen
Joshua Cohen
Joshua Cohen
Joshua Cohen
Joshua Cohen
Joshua Cohen
Joshua Cohen

2.

Lo interesante de llamarse Joshua Cohen es que siempre hay alguien más llamado Joshua Cohen que firma cartas sobre Israel.

3.

Pogromo viene del ruso «*pogromu*»: *po-* (por, a través de, detrás de, después de), cognado con el latín *post* + *gromu* (trueno, rugido)*. Como la mayoría de los niños saben, los relámpagos vienen antes que los truenos (o solo vemos los relámpagos antes de oír los truenos). Y ahora yo —que vuelvo a sentirme como un niño, impotente, enfurecido— sé lo que viene después del pogromo: un «postgromo» retransmitido en directo desde las cámaras corporales de los cosacos en la yihad.

4.

Lo que me sorprende no es el antisemitismo. Lo que me sorprende es cuántos intentos son necesarios para decapitar a un ser humano con una pala.

5.

Y hablando de cortar cabezas... el libro de los Jueces.

6.

Lo sorprendente de Jueces 16 es que Sansón *colabora* con Dalila. Ella le pregunta cómo puede despojarlo de su

---

* En español, la definición varía un poco. El *Diccionario de la lengua española* (*DLE*), de la RAE/ASALE, indica que pogromo proviene «del ruso *pogrom* 'devastación', 'destrucción'».

fuerza y él le dice —después de muchos prolegómenos—:
CÓRTAME EL PELO. No tiene por qué contarle este se-
creto, pero lo hace: se ofrece voluntario, no bajo coacción,
no bajo tortura (a menos que Dalila negándole sexo se
considere tortura). Después del corte de pelo acaba despo-
jado de su fuerza, atrapado por los filisteos, que le sacan
los ojos y lo encarcelan en Gaza, donde lo obligan a moler
grano (o, según otra interpretación, donde lo usan de se-
mental para la reproducción).

7.

¿Cómo termina? Los filisteos lo sacan a bailar en una
fiesta en un templo o palacio, y Sansón baila; luego se
agarra a las columnas del lugar y las derriba, matándose
a sí mismo, matando a todos. «Los muertos que mató al
morir fueron más que los que había matado en vida» (Jueces 16 30).

8.

Sansón reinó solo unos pocos años más de lo que ha
reinado Bibi* y de lo que reinará Bibi. (Una profecía arries-
gada).

---

* Bibi: Benjamin Netanyahu.

9.

Mucha de aquella gente de la fiesta —me dice un amigo— murió mientras estaba puesta hasta arriba de MDMA. No sé si esto mejora o empeora las cosas. Tan colocado que quieres abrazar la granada. Tan colocado que quieres besar las balas.

10.

Quizá se trate de algo más fácil de advertir para los hablantes no nativos de hebreo: que el nombre del partido, Likud («unificación»), comparte la misma raíz («*Lamed-Kuf-Dalet*») con *milkud* («trampa») —la palabra utilizada para traducir el título de *Milkud-22*[*], de Joseph Heller, que Micah Goodman tomó para su análisis de no ficción de la Guerra de los Seis Días, *Milkud-67*.

¿Nos está diciendo el lenguaje que la unidad es una trampa? ¿O tal vez nos está diciendo que caer en una trampa es el único camino hacia la cohesión cívica?

11.

El problema (un problema) es que la enseñanza de la historia ha sido sustituida por la enseñanza de la teoría,

---

[*] *Trampa 22*, en su traducción al español (N. de la T.).

aportando formas, estructuras, plantillas y encuadres que dan lugar a la sinonimia de luchas despojadas del contexto. Así es como, en el imaginario de la izquierda mundial, los palestinos se convierten en los negros y morenos y, los israelíes, en los blancos. Ridículo, desde luego, pero de alguna manera consuela y divierte pensar en mi antiguo casero yemení de Tel Aviv como un tipo blanco.

12.

Los descolonizadores nunca tuvieron mucho sentido. Cada generación contradice a su predecesora. En los años cincuenta, sesenta y setenta, la ideología radical dominante era «la violencia es la palabra», es decir, que la violencia era la expresión legítima de una persona o un pueblo cuyas palabras no habían sido escuchadas. Después, durante los años ochenta y noventa, y hasta el seis de octubre, la ideología radical dominante pasó a ser la contraria: «la palabra es violencia», lo que significa que las palabras que usas pueden hacer daño, así que ten cuidado al usarlas, especialmente las palabras que no te pertenecen a ti ni a tu identidad. A partir del siete de octubre, «hablar es violencia» dio paso inmediatamente a «violencia es hablar», aunque solo fuera para contextualizar —para justificar— la matanza de judíos como liberación palestina.

13.

Me acuerdo y me avergüenzo de aquel asqueroso pero divertido juego de algunos niños del colegio (creo que en cuarto o quinto de primaria): decir «violación de bebés» diez veces muy rápido.

14.

¿El *hamasnik** que llamó a sus padres para decirles que había matado a diez judíos? Es difícil imaginar que un terrorista hecho y derecho siga anhelando la aprobación de sus padres.

15.

La izquierda mundial coincide ahora con la derecha israelí: Israel y los judíos son sinónimos, al igual que Hamás (y la yihad islámica) y los palestinos.

16.

Deploro todos los asesinatos de inocentes solo porque es precisamente lo que soy: inocente en el sentido de

---

* Partidario de Hamás (N. de la T).

21

ingenuo; inocente en el sentido de no saber nada (pero sentirlo todo).

17.

Israel bombardeó un hospital. No, fue la yihad islámica palestina y el hospital que bombardearon era el aparcamiento de un hospital. Murieron quinientos. O murieron cincuenta. Además, aquí está el vídeo que es del año pasado y una foto del resultado que es de un terremoto en Turquía. Debajo de la falta de información está la desinformación; debajo de la desinformación está la información; y luego debajo de eso —enterrados bajo los escombros, y debajo de los cuerpos desmembrados de los quinientos o cincuenta— hay túneles donde están los rehenes, ancianos, jóvenes, bebés. Es difícil de imaginar: ¡ya han sobrevivido un mes sin Internet! ¡Qué suerte!

18.

Del Misisipi al mar Caspio. Del Amazonas al mar de Azov. Del Danubio al océano Ártico. Del Nilo al lago Baikal.

Del Pisón al Gihón. Del Tigris al Éufrates. (Dice el Tanaj).*

---

* Biblia hebrea.

19.

Si es cierto, como dicen algunos amigos, que actualmente Israel está cometiendo un genocidio, entonces un día no muy lejano espero estar en una fiesta (si es que todavía entonces me invitasen a fiestas) en la que una hermosa mujer (u hombre, da igual) dé un sorbo a su martini y se pregunte en voz alta: «¿Cómo pudo Jamenei dejar que sucediera? ¿Por qué Irán no bombardeó las vías del tren?».

20.

Por supuesto: Irán debería bombardear las cámaras de gas, Irán debería bombardear los hornos, Irán debería bombardear las vías del tren, si es que existen. Pero como no existen, la ironía sí. (Oded Carmeli me dice algo así como: ¿has estado alguna vez en un tren israelí? Queriendo decir, supongo, que ningún país puede cometer genocidio de forma efectiva si sus trenes siguen circulando con retraso, averiándose y parando totalmente los viernes al atardecer).

21.

Si hubiera sabido que podía matar a todos los judíos que quisiera y que a nadie en el mundo le importaría, creo que habría vivido mi vida de forma bastante diferente.

22.

Nunca matan a los judíos que tú quieres que maten.

23.

Ese *shabat* era el trigésimo aniversario de mi *bar mitzvá*, así que ya estaba deprimido.

24.

«Nunca un gobierno ha gobernado pacíficamente a una población civil a la que haya bombardeado desde el aire», dice mi amigo estudioso de la Segunda Guerra Mundial que luchó en Vietnam. Pero lo dice con demasiada seguridad.

25.

Me pregunto si alguien en Israel recuerda a Sapir Cohen, alias Livnat Green. Ocurrió este año, es decir, hace un milenio. Nace con el nombre de Sapir Cohen en Beerseba, y entra y sale de hogares de acogida y situaciones de maltrato. Para mudar la piel y despojarse de sus traumas infantiles, cambia su nombre por el de Livnat Green. Hace el servicio militar obligatorio en Vigilancia de Fronteras. Es una militar solitaria, por no tener familia, y una vez terminado el servicio se considera una civil solitaria y sufre pesadillas y ataques de pánico recurrentes que le dificultan mantener un empleo. Va de apartamento en apartamento y, tras un desahucio, instala una tienda de campaña frente al Ministerio de Bienestar israelí.

26.

Su tienda atrae la atención de los medios de comunicación y el entonces ministro de Defensa, Naftalí Bennett, invita a Livnat Green a instalarse en su casa. Le prepara huevos —por alguna razón, este es el principal recuerdo que tiene de Bennett, que le preparaba huevos— e intenta ayudarla a encontrar trabajo y vivienda, pero Livnat Green no se deja ayudar. Tiene cambios de humor, depresiones. También tiene experiencias con las drogas. En 2022, Tikva Saban, su amiga más íntima —una de sus únicas amigas— se inyecta a propósito una dosis mortal de heroína y muere en el regazo de Livnat.

27.

En mayo de este año, Livnat Green envía un mensaje a un chico con el que podría o no estar saliendo (ella misma no está segura), en el que le pregunta qué le ocurriría a una mujer si se vistiera «de musulmana» con un hiyab o un burka y, portando una pistola o un facsímil decente de pistola de juguete, irrumpiera en uno de los controles fronterizos gritando «*Allah-hu Akbar*». ¿Matarían a esa persona? Es decir, ¿algún soldado de los que hacen el trabajo que hacía Livnat Green en el puesto de control fronterizo dispararía a matar a esta hipotética mujer, o simplemente tratarían de desarmarla, por ejemplo, disparándole a las piernas? El chico que recibe el mensaje responde tajantemente a su pseudonovia: no estamos hablando de una hipotética mujer, ¿verdad?

28.

Unas horas después de que el chico la denunciara por riesgo de suicidio, Livnat Green —con la cabeza cubierta al estilo musulmán y gritando el *takbir*—* carga contra la frontera en Metzudat Yehuda, cerca de Hebrón, que es o debería ser Palestina, y es abatida a tiros como ella quería.

29.

El suicidio de Livnat Green —del que casi nadie se enteró fuera de Israel, y que incluso dentro de Israel se olvidó rápidamente en medio de la vorágine de protestas que ca-

---

* *Al·lahu-àkbar* también llamada *takbir* y *tekbir*, es una expresión de fe del islam muy utilizada en el mundo musulmán como exclamación informal y expresión formal de fe.

racterizó gran parte de 2023— me parece una parábola de cómo una persona o un bando inestable puede atrapar a otro para cometer un asesinato autorizado legalmente. Pienso a menudo en esos soldados israelíes que —aterrorizados por la mujer musulmana que se les echaba encima, sin saber que en realidad estaban aterrorizados por Livnat Green— dispararon contra Livnat Green y la mataron. ¿O dejaron que se suicidara? Y, pensándolo bien, ¿se trata realmente de una parábola o solo de una demostración literal de una trampa? Me pregunto qué piensan ellos —los soldados— al respecto... cómo afrontan el horror...

30.

Un poco de Gaza es Hamás, pero la mayor parte de Gaza es Livnat Green: jóvenes enloquecidos por las circunstancias, desesperados por el fracaso, maltratados, abandonados, que se lanzan porque no tienen otro sitio al que ir más que a las armas que no pueden hacer otra cosa que disparar.

EL ENCUENTRO
Dror Mishani

Era la decimoctava o decimonovena tarde de la guerra. Salí hacia una cafetería a la hora en la que normalmente sonaban las sirenas antiaéreas en Tel Aviv. Cerca de mí había sentado un hombre joven, de unos veinticinco o treinta años. Intentaba zafarse de mi mirada ocultándose en la capucha que le cubría la cabeza. La cara, que solo le veía de refilón, estaba cubierta por una barba de semanas. Tenía en la mesa dos botellas vacías de Coca-Cola. Me pareció que lo conocía. Y a pesar de no cuadrar con mi carácter, me levanté y fui hasta él. Al detenerme a su lado, dije:

—Dime, tú no eres...

Él alzó un dedo flaco, negro y sucio, de uña larga en el extremo, y se lo llevó a los labios, que de cerca vi que tenía resecos y agrietados.

—Shhhh… no lo soy —susurró.

Me senté a su lado sin que me diera permiso.

—¿Estás seguro de que no eres…? —insistí—. Porque vivo pegado a las noticias de la mañana a la noche y estoy casi convencido de haberte vis...

Él, asustado, volvió a indicarme con el dedo que me callara mientras intentaba hacerse con la mirada de la camarera, seguro que para pagar y salir huyendo. Pero yo no tenía la intención de permitir que se me escabullera y se lo hice saber sujetándolo por la camisa. Puede que también se diera cuenta de que yo iba armado. Así que me miró y dijo:

—No me delates. Por favor.

Me dejé llevar por su mirada de súplica más que por aquella petición explícita.

—Explícame cómo es que estás aquí —dije—. No he visto por la tele que hayan devuelto a todos los secuestrados, incluidos los hombres.

La camarera vino hacia nosotros con mi pedido, pero vaciló un instante ante nuestra mesa, puede que sorprendida porque yo me hubiera cambiado de sitio sin avisarle. Le preguntó a él si todo estaba bien, si quería pedir algo más y respondió que no, y cuando la camarera se fue, susurró:

—No nos han devuelto. Solo yo estoy aquí. Pero no armes ningún lío, te lo suplico.

Una pareja que iba por la calle pasó por delante de nosotros. Entretanto yo seguía observándolo. Estaba descalzo pero llevaba ropa limpia.

—¿Qué quiere decir eso de que solo tú estás aquí? No lo entiendo. ¿Se trata de una estratagema del ejército? ¿O es que te han rescatado de allí?

—No es ninguna estratagema ni nadie me ha rescatado. Es tan simple como que ya no aguantaba más aquello. Me asfixiaba. Tenía que salir para respirar un poco de aire fresco y recordar. Así que salí. ¿Me das un cigarrillo?

Le tendí un cigarrillo y dejé caer sobre él una lluvia de preguntas, como si fuera un agente del *Shabak*[*] o un reportero del ejército, a pesar de que no soy ni una cosa ni la otra.

—¿Pero cómo te has escapado, exactamente? —quise saber, mientras la fina llama del mechero plateado que sacó del bolsillo del pantalón le iluminaba la demacrada cara—, ¿y cuándo te has escapado?, ¿dónde te han tenido, en qué condiciones, quiénes eran tus guardianes? ¿Les has visto la cara? ¿Qué te han dicho?

Él exhaló el humo del cigarrillo y preguntó:

—¿Podríamos hablar de otra cosa? Es que solo dispongo de unas pocas horas aquí y no quiero estar en el lugar del que he huido. Por eso me he escapado, ¿lo entiendes?

Pero yo seguía sin entender.

—¿Y de qué sí puedes hablar? —pregunté.

—No hay por qué hablar. Podemos estar callados. Me basta con eso.

—¿Es todo lo que has hecho desde que te escapaste? ¿Estar aquí sentado?

—Todo no —dijo—. Primero he paseado por mi añorada playa de Frishman, y por la de Bograshov, para ver la puesta de sol. Soy una persona de otoño y solo con pensar que me estaba perdiendo el principio del otoño en ese agujero en el que nos tienen prisioneros, me estaba volviendo loco. No podía con la idea de que no habría más otoños

---

[*] El Shin Bet o Shabak es el servicio de inteligencia y seguridad general interior de Israel.

para mí. Porque no hay nada que me alegre más que la lluvia. Esperaba que estuviera lloviendo, pero no. Luego fui a comer a un sitio que se llama HaKosem, porque unos días antes de la guerra comí allí con unos amigos y me gustó. ¿Lo conoces?

—¿Y no has visto a tu familia?

—Sí, pero de lejos. Fui a la plaza, pero me dio miedo que me reconocieran. Me quedé al otro lado de la calle y vi a mi hermano y a mi hermana sosteniendo mi fotografía. Y a mi madre, sentada al lado de ellos en una silla de plástico leyendo los Salmos. No he podido acercarme a ellos más que eso.

—¿Por qué?

—Sería demasiado duro. No me dejarían volver ni yo hubiera podido dejarlos si nos hubiéramos encontrado.

—¿Qué quieres decir con «dejarlos»? ¿Pero es que piensas volver allí?

—Sí —dejó escapar con un suspiro.

—¿Pero por qué vuelves?

—Porque no estoy solo allí. Hay conmigo otras personas y algunas necesitan mi ayuda. Les hablo y las tranquilizo. Les prometo que vamos a salir con vida. Les cuento lo que haremos cuando volvamos a casa y mientras tanto les enseño cómo escapar de todo aquello por entre los recovecos del recuerdo. No puedo dejarlos solos.

—Pero no tiene lógica, habrá otros allí, y el ejército... —dije, por intentar convencerlo.

Pero él alargó la mano y la posó sobre la mía, en la mesa.

— Tengo que volver. Mi lugar, de momento, está allí, con ellos. Hasta que volvamos todos. Así que te suplico que no le cuentes a nadie que he estado aquí y que me has visto. Estaré en peligro de muerte si llegan a saber que he conseguido salir, y mis hermanos se derrumbarán si se enteran de que he venido y me he limitado a mirarlos desde lejos. ¿De acuerdo? ¿Me das un cigarrillo para el camino?

No me considero una persona con iniciativa ni de reacción rápida. En lo más profundo de mi corazón sé que si hubiera tenido que defenderme o que defender a mi familia aquel sábado en cuestión, no lo habría conseguido. Pero en este momento supe cómo actuar.

—Espera un momento —le dije—, que te voy a comprar una o dos cajetillas de cigarrillos en el estanco, para que también tengas allí. ¿Cuáles prefieres?

Me siguió con la mirada mientras me levantaba para cruzar la calle a la carrera. Una vez dentro del estanco quedé fuera de su campo visual y solo entonces telefoneé a la policía.

—Me he encontrado a uno de los secuestrados en una cafetería de Tel Aviv —le dije a la operadora, intentando recobrar el resuello.

—¿A quién?

—A uno de los secuestrados. Se ha escapado, pero tiene intención de regresar allí. Tenéis que ayudarme a impedírselo.

—¿Dónde está ahora?

Le di la dirección de la cafetería.

Cuando, corriendo, volví a cruzar la calle, ya no estaba allí. Tampoco se le veía a lo largo de la acera y la camarera o no pudo o quizá no quiso responderme cuando le pregunté, gritando, si sabía hacia dónde había huido. Había retirado ya los vasos vacíos de él y sobre la mesa solo quedaba mi taza. El furgón de la policía llegó a la cafetería al cabo de muchísimo rato. Puede que transcurrida media hora. En el largo muro cubierto con las fotografías de los secuestrados les mostré su foto a los dos policías que salieron del furgón. Era el cuarto por la derecha de la tercera fila. Estaba todavía sin barba. Tenía la cara iluminada igual a como se la había visto hacía un rato a la luz de la débil llama de su mechero.

—¿En esta cafetería es donde lo has visto y te ha dicho que se volvía para Gaza? —me preguntó una mujer policía.

Le dije que así era y que quizá todavía podríamos impedir que cruzara la frontera.

—Todavía estamos a tiempo —les dije—. Ha estado aquí hasta hace diez minutos, no más —mentí.

—¿Y para qué vuelve, exactamente? ¿Te lo ha dicho?

—Porque tiene que estar allí con todos. Para ayudarlos a sobrevivir.

El agente que llevaba el fusil M16 de cañón largo se estaba impacientando y hasta me pareció que mis palabras lo irritaban. O lo abochornaban.

—Ya es el cuarto loco hoy que dice haberlos visto —murmuró—, como si no tuviéramos otra cosa que hacer estando en guerra —y volviéndose hacia la agente añadió—: ¿Crees que pueda haber alguien que ande por la ciudad disfrazado de los secuestrados? Porque si es así, habrá que ponerle fin a eso. ¿Lo arrestamos?

Pero la agente respondió negativamente con un gesto de la cabeza, porque suponía algo diferente.

—¿Cómo lo vamos a detener? ¿Te has vuelto loco? —dijo, y volviéndose hacia mí añadió en un tono muy suave—: Creo que padeces estrés postraumático. Tendrías que ir a terapia. Y además es preferible que no salgas de casa a estas horas. Hay alarmas y es peligroso.

Puede que le hubiera creído de no haber sido porque, de camino a casa, cuando quise encenderme un cigarrillo y rebusqué en el bolsillo interior de mi chaqueta, descubrí su mechero, que me había llevado por equivocación.

Noviembre de 2023

DIARIO DE VIAJE
Elisa Albert

Tenía la idea de escribir una especie de bonito diario de viaje. El viaje era una receta perfecta, con todos los ingredientes de primera calidad. Mi madre me iba a volver loca, iba a arremeter contra ella, sería divertidísimo. Dos generaciones de brujas pendencieras, criticonas y simbióticas en Tierra Santa. De regreso al lugar donde una vez habíamos sido una díada retorcida dentro de nuestra familia destrozada.

Planeamos el viaje en el último momento, para ver el códice Sassoon en ANU, el Museo del Pueblo Judío. La copia encuadernada más antigua y completa de la Biblia hebrea que existe. Iba a haber fiestas, ceremonias, un discurso de Herzog.

¿Cuándo volveremos a tener una oportunidad como esta?, preguntó mamá. Retórica. Tiene 80 años. Nunca más.

Una condición, dije: habitaciones de hotel separadas.

Hecho, dijo. Y vuelos en primera clase.

Qué puta soy, le dije a mi marido.

El aire era terciopelo en Tel Aviv. Gloriosa vuelta a casa. Comimos con varios amigos en varias *sucot**. ¡Reunión!

---

* Plural de *sucá*, cabaña.

¡Abundancia! ¡Pertenencia! Pardes Hanna, Zichron Ya'akov, Jerusalén. Tiempo valioso. Caminamos y hablamos y caminamos y hablamos.

Al cuarto día, mi paciencia con mamá se estaba agotando, así que alquilé una bicicleta y bajé por el sendero junto al mar hasta Jaffa; recé una oración privada en el puente de la astrología. Una mujer que vendía ropa *vintage* en el zoco hizo una airada defensa sobre por qué era tan cara la ropa. Yo no tenía nada en contra de los precios y, además, no quería comprar nada, pero la felicité por su excelente gusto.

¿Había tiempo para ir al sur, a Be'eri, donde el querido *saba** había vivido desde los catorce años, trabajando en la imprenta? No, quizá en el próximo viaje. ¿Habría tiempo para ir al norte, a Haifa, a ver a una tía? ¿O a Safed, donde habitualmente me imagino a mí misma como una anciana curtida con una larga trenza gris? No, esta vez no.

«Este es mi sitio», le anuncié a mamá cuando vivíamos en Jerusalén, en 1986, a los ocho años. Sin conciencia de la historia ni de la política ni de la guerra ni del terror ni de la ocupación ni de la supervivencia. «Aquí puedo ser *yo misma*». Mi madre cuenta a menudo esta conversación. ¡La libertad que tuve durante esos meses! Los *shekels* para el autobús, la amistad con el tipo que llevaba la tienda de la esquina. Los mejores helados del mundo. Bolsas de *Bisli*, blablablá. Los símbolos que representaban la «resistencia» violenta eran el pintoresco tirachinas y la piedra. Cuando

---

* *Saba*: abuelo (N. de la T).

volvimos a Los Ángeles, mamá amenazó con hacer *aliyá**
y llevarme con ella; a mi padre le entró el pánico y metió mi
pasaporte en una caja de seguridad secreta. La pubertad me jodió por completo. Me metí en la cultura alternativa, (por fin), me enrollé con un reservista de
las FDI en un club nocturno de Tel Aviv el (épico) verano
anterior al undécimo curso. Mi hermano mayor tuvo un
tumor cerebral y murió, una pareja de novios que conocíamos vagamente voló por los aires en un atentado terrorista suicida en un autobús de Jerusalén, y mi hermano mediano fue a la Universidad Hebrea, se quedó en Jerusalén,
se negó a servir en las FDI y se marchó. Un rabino me
rompió el corazón. Estaba un poco obsesionada con Rachel Corrie. Me acobardé ante el programa de dos años
de servicio de trabajo israelí al que me había apuntado
después de la universidad, y en su lugar elegí colonizar
Nueva York y trabajar en el mundo editorial. Quería *glamour*. No podía con Israel. Los judíos estadounidenses
son débiles.

Y de alguna manera, pasaron dos décadas sin que pisara
suelo israelí. Al quinto día se me acabó la paciencia con
mamá. La forma de hablar a los camareros, la manera de
intentar controlar cada detalle de la existencia de todo el
mundo: agotador. Pasé *erev shabat***, 6 de octubre, en la
playa, ignorando sus mensajes de texto, y luego me di un
festín de hummus con habas con un libro de bolsillo de Fay

---

* *Aliyá*: inmigrar a Israel (N. de la T.).
** *Erev shabat*: atardecer del viernes, víspera del *shabat* (N. de la T.).

Weldon que había conseguido antes en Halper's, la épica librería de libros antiguos.

Escribí mucho en mi cuaderno aquella noche, embargada por la pena. Una cierta desesperanza. No ajena al viaje con mi madre. Vieja, vieja pena. Escribí mucho sobre «lo que creo». Tenía una especie de ajuste de cuentas. Estaba premenstrual.

Creo que las creencias no son estáticas. Creo en la creencia siempre cambiante, siempre en evolución. Creo en las historias, en su infinita proliferación. Creo en el clima de 22 grados. Creo en dejar ir a la gente cuando te tratan como a una mierda impenitente. Creo en negarme a llevar cargas que no son mías. Creo cada vez más en no decir nada. Antes creía en decirlo todo. Creo que algunas personas nunca, nunca lo entenderán. Pero creo que algunas personas lo harán, y lo hacen. Creo en las relaciones con los niños y los animales. Creo en la jardinería. Creo en la compasión y el perdón, pero también en la distancia y el rechazo. Creo que mi madre hizo lo que pudo. Creo que mi madre es una persona monstruosa. Creo en la distancia perfecta. Creo en sonreír plácidamente durante periodos limitados y finitos de tiempo. Creo que si aplastas, niegas o sofocas tus sentimientos, mueres por dentro. Creo que la mente y el cuerpo son uno. Creo que la muerte es un pasaje. Creo que los estados alterados de conciencia, con gran moderación, son entradas hacia lo divino. Creo en la evasión. Creo en la unidad de todo. Creo que el hijo que me dieron fue un regalo. Creo que no es mío. Creo que el dolor y la pena inherentes a esa afirmación son caminos hacia lo divino. Creo *que la violencia es una estupidez, el colmo de la estupidez. Creo en el yoga. Creo que la mayoría de la gente tiene terror a la vida y el mismo terror a la muerte. Creo en el trabajo sin buscar validación ni recompensa. Creo que el amor cura. Creo que cuando estoy sin esperanza, sin amor, sin ganas de seguir, queda en mí una pequeña ternura que es divina. Creo en el contrarismo como medio para alejarse del fundamentalismo. Creo que el laico declarado también puede ser fundamentalista. Creo que la ignorancia está en todas partes por elección y diseño. Creo que la ira es la forma más fuerte de dolor. Creo que siempre ha sido demasiado tarde. Creo en hacerlo lo mejor posible. Creo en el* shabat. *Creo que* shalom bayit[*] *prevalece sobre la mayoría de las cosas. Creo en el aprendizaje. Creo en el arte. Creo en los que tienen el corazón roto. Creo que puedo cambiar. Creo que mi familia originaria casi me mata, y que mi supervivencia, herida, mutilada, rota como estoy, es un triunfo cuyo mérito en parte me corresponde a mí, y en parte a lo divino. Creo que la historia se repite. Creo en el dolor. Creo en que la mierda siempre sale. Creo en una columna vertebral flexible. Creo en tumbarse. Creo en leer mientras se come.*

Oí los cohetes y las sirenas justo después del amanecer, miré por la ventana y me volví a dormir. (¿Prueba de una vena nihilista?). Soñé que me perdía la graduación de mi hijo en el instituto: ¿cómo había sido tan descuidada y estúpida? ¿En qué estaba pensando? ¿Me perdonaría algún día? Parecía que no; se negaba a mirarme. Estaba angustia-

---

[*] *Shalom bayit*: armonía en el hogar (N. de la T).

da. Me desperté de nuevo una hora más tarde, fui a desayunar. Te has enterado, te has enterado.

Un cortado de leche de avena se posó ante mí justo cuando las sirenas volvieron a sonar. *Adentro, adentro, lejos de las ventanas, agáchense*, gritó un hombre con uniforme de hotel. Como dependo mucho de la cafeína, cogí mi cortado, me lo llevé para agacharme junto a la pared, derramé un poco por mi bonita blusa nueva comprada en una tienda pija del bulevar Rothschild.

Ahora se va a liar, bromeé, examinando la blusa manchada. *Ahora es la guerra*. Entonces rompí a llorar.

¿Tienes miedo?, me preguntó mamá.

No, dije. Solo sorprendida y triste.

No tenía energías para seguir irritándome con mamá. No tenía sentido, por el momento, cabrearme con ella. Nos sentamos en su habitación a ver las noticias a tope de volumen porque había perdido un audífono. El alcance de la atrocidad se hizo más evidente. Yo había planeado ir a una manifestación esa noche. La manifestación iba a encajar perfectamente en mi bonito cuaderno de viaje. Pero, por supuesto, esa noche no hubo manifestación.

Descargué Tzofar* y entablé amistad con una encantadora pareja mayor de Chicago. Fui en bicicleta a *Shuk*** *ha Carmel*, que tenía para mí sola. Me senté en la silenciosa y aturdida plaza Dizengoff. Observé los aviones militares que volaban por la costa. Jugué a cucú-tras con los niños en el

---

* Aplicación móvil de alertas en Israel.

** Mercado (N. de la T).

refugio antiaéreo. Me puse mi vestido de fiesta para sentarme en el bar del hotel. Por qué no. Unos niños refugiados de Ashkelón nos entretuvieron con trucos de magia y el camarero ruso nos confesó sus sueños de ser guionista.

El miedo no echó raíz hasta que volví a Nueva York.

DINERO
Maayan Eitan

Paulatinamente mi campo de pensamiento se va reduciendo hasta quedar limitado a un solo tema: dinero. El quince de octubre soy consciente de que no voy a poder pagar el alquiler de noviembre; uno de los cursos que tenía que impartir ha sido cancelado, han aplazado un proyecto grande en el que participaba, las editoriales están cerrando la puerta una tras otra. Los siguientes tres días los dedico febrilmente a todo tipo de averiguaciones que no dan ningún fruto; nadie tiene nada que ofrecerme. Pongo fin a una conversación con mi sucursal del banco en un estado de pánico que me dura todo el fin de semana, hasta que al final decido plegarme a la propuesta de ellos: posponer por tres meses la devolución de mi préstamo a «interés compuesto», expresión que tengo que buscar *online* mientras hablo con la empleada que me presenta una situación que visualizo como una torre construida sobre otra torre construida sobre otra torre. Cuando terminamos de hablar, después de haber firmado todos los impresos digitales que me ha enviado, consigo sacarle un partido placentero a la imagen antes visualizada: me coloco a mí misma, con los ojos de la imaginación, en lo más alto de la torre. Me imagino que se trata de una especie de torre de Babel, como en el famoso cuadro de Brueghel el Viejo, y me veo a mí en la punta, a merced de los vientos, sobre la nube: y entonces, en mi mente, salto de la torre. Creo haber leído que los hombres se suicidan más que las mujeres, y que lo hacen en una proporción más alta por un tema de deudas. Al final me sobrepongo y aparto de mí la imagen.

Recuerdo que una vez alguien me llevó a un aparcamiento elevado del extrarradio de la ciudad: la vista que había desde allí era preciosa, pero yo, en lo único que era capaz de pensar era en que nos teníamos que largar de allí antes de que me diera por saltar. Mi deuda no era tan alta, entonces, y suponía que en uno o dos años podría devolverla. Pieter Brueghel el Viejo, le cuento a un amigo, pintó también *Paisaje con la caída de Ícaro*, y además Auden escribió su poema sobre ese cuadro; el mismo Auden que luego escribiría que siempre es preferible ser el que más ama. Por principio sé que me opongo a ese sentimiento; Auden (el tardío) se equivoca. Pero ahora no tiene sentido oponerse a ello. Durante la última semana de octubre acepto unos trabajillos que hago por la noche y de los que sé que no les voy a poder hablar a mis amigos; el uno de noviembre el estado de mi cuenta bancaria alcanza justo para pagar el cheque del alquiler. Pero no quiero ni pensar qué voy a hacer en diciembre; no duermo lo suficiente por las noches; sé que no voy a poder seguir así. Cuando finalmente me derrumbo en la cama al amanecer, sé perfectamente que lo acabaré pagando.

Cuando mi novio me advierte que tengo ojeras y que he bajado de peso, desvío la conversación. En realidad, me lo camelo para que nos acostemos; como siempre, la actividad física anula la mente y la conciencia. Pero cuando terminamos él se va a su casa. Me quedo tendida en la cama pensando qué más puedo vender: no poseo ni un solo objeto de valor. Durante los días siguientes sufro una serie de accidentes domésticos cada vez más graves que me acaban dejando sin teléfono, sin nevera y sin ordenador. No tengo dinero para arreglarlos ni para comprarme unos nuevos, pero logro hacer funcionar un teléfono viejo y medio roto y consigo un ordenador prestado. Me digo a mí misma que ya me las arreglaré sin nevera; porque, al fin y al cabo, ¿qué tenía dentro? Mi novio me pregunta si cuando todo acabe haremos un viaje. Le respondo: ¿además de soñar nuestros sueños, también tenemos que realizarlos? Decido ir andando a todos lados para ahorrarme el transporte público y también porque andar me tranquiliza. Las calles van pasando por delante de mí y me acuerdo de que me gustan, lo mismo que la ciudad, y hasta me acometen arrebatos de amor por los transeúntes que pasan junto a mí. Pero solo porque son unos desconocidos que no me piden nada; ni me pagan.

Empiezo a sentir una aversión creciente hacia los demás: hacia mis amigos, que duermen tranquilos en sus camas y se levantan por la mañana para ir a un trabajo que todavía es necesario que alguien lo haga y que cuando nos vemos me pagan encantados una taza de café; hacia mis familiares, que sé muy bien que no están en condiciones de ayudarme; hacia mi novio, que no sabe nada de mi situación. Está empezando a hacer más frío. A pesar de que me he pasado todo el verano esperando el invierno, ahora me doy cuenta de que empieza a preocuparme: el chaquetón de abrigo cuelga en el armario, pero las zapatillas deportivas están muy desgastadas y sé que se me empaparán con la primera lluvia. Pasan los primeros días de noviembre y la aversión que sentía también se me ha pasado: en vez de eso ahora resulta que me despierto por la mañana sumida en el espeso nubarrón de la apatía. Si pudiera conseguir la cantidad suficiente para comprarme un pasaje de avión, creo que quizá podría empezar de nuevo en otro lugar en el que los avisos del banco no me encontraran. Lo compruebo: ¿podré sacar dinero del seguro o del plan de pensiones sin que me penalicen? ¿Se puede uno marchar del país con una deuda y no volver?

Las intensas caminatas me desgastan todavía más las suelas de las zapatillas de deporte, pero sigo andando. Como no hay ningún lugar en el que tenga que estar ni al que tenga que ir, me puedo permitir observar a fondo las calles por las que paso; las peino con la mirada, cada vuelta de esquina, cada recoveco; veo que también los demás hacen algo parecido y sé lo que buscan. Muchas de las puertas de entrada a los edificios, que antes estaban cerradas hasta con un código que solo conocían sus habitantes, se encuentran ahora abiertas de par en par. En algunas, alguien ha pegado un trozo de papel a modo de aviso: Refugio. Pero yo no busco protección. Al contrario. Cuando entiendo, una tarde de finales de noviembre, que voy a tener que dejar mi piso, meto algunas cosas en un bolso no muy grande, una camiseta, tres o cuatro pares de calcetines y de bragas y el libro que no me ha dado tiempo de terminar de leer. El teléfono y el ordenador los tiro en una papelera cercana. Y dejo que la lluvia me empape.

EL VIAJE
Asaf Schurr

Esta antología me asquea y mi deseo de participar en ella también me asquea. Todo me asquea, o por lo menos me asquea más que de costumbre. Todo es más triste que de costumbre. Más importante y menos relevante, está más cargado de significado y más embotado. Todo eso debería llevar a confusión, pero por el momento parece bastante comprensible.

Escribo estas palabras en la mesa que hay en un bosquecillo que está al lado de mi casa. En lo alto, los aviones de combate; a cierta distancia, las explosiones. Entre medias los árboles, la vía del tren, pajaritos. Me encuentro en el corazón del país rodeado de los círculos concéntricos cada vez más amplios de los vecinos armados, los agentes de policía, los voluntarios de la policía de fronteras, las bases del ejército, los soldados, los buques destructores. Al oír un crujido entre los arbustos secos me asusto y me doy la vuelta (era un lagarto).

Temo que me alcance un misil. Temo que se me acerque alguien y me mate. Temo por mi vida, pero no lo suficiente como para levantarme y marcharme a casa. Temo por la vida de otros. Me digo que no me puedo morir porque mi mujer se quedará sola. Porque las gatas se quedarán solas. Porque justamente ahora acabo de descubrir a Virginia Woolf y cómo funciona el modo lidio. Estoy valorando volver a fumar. Leo sobre la creación en todo el país de los grupos armados de intervención rápida y sé que ya hay quien trama convertirlos en milicias. Tenía la certeza de que esto iba a suceder y estaba preparado para ello. Me manifesté en contra. Sé que es terrible y peligroso (un posible linchamiento; una guerra civil). Entretanto me he sumado a las guardias en el *moshav*[*] en el que vivo. Tengo pensamiento táctico.

Duermo lo suficiente pero siempre me siento cansado, extrañamente muy cansado, algo insufrible, de una manera que me resulta difícil de entender y explicar. Quiero hacer cosas espantosas que con los ojos de la imaginación veo hasta en sus más mínimos detalles. Eso me produce una gran satisfacción, pero cuando me siento frente al televisor ni siquiera soy capaz de soportar la más mínima insinuación de violencia de los programas infantiles.

Por las noches me monto en el coche y voy hasta el portón de entrada del *moshav* para vigilar allí o para patrullar, ida y vuelta, desde el aterradoramente oscuro cementerio del extremo de la carretera hasta el pueblo vecino. Lo hago sumido en una extraña sensación que combina serenidad y tensión. Conduzco con las ventanillas abiertas. Antes, cuando iba en coche, siempre oía música. Ahora ya no.

---

[*] *Moshav*. Es un tipo de comunidad rural israelí de carácter cooperativo, similar al kibutz, formado por granjas agrícolas individuales.

Simplemente deseo conducir de esta manera, solo, y que las calles vayan pasando ante mí. Así tengo algo que hacer, porque me alegra hacer algo; cuando no estoy ocupado me acuden a la mente cosas que no quiero ver y que lamento haber visto. Cosas que es preferible pasarse la vida entera sin haberlas visto y sin saber que son posibles (pero ya es demasiado tarde).

No sé si confiar en mis sentimientos. Me parece que es preferible sospechar de ellos y de mí mismo, como sospecho (y con razón, creo) de todos los demás. Sé que solo veo los sentimientos más potentes y claros. Sé, o por lo menos supongo, que los demás sentimientos están ahí, pero sumergidos. Ha habido un diluvio[*], ahora solo se ven las cumbres de las montañas. (¿De qué diluvio se trata? ¿Qué ha llovido? Lo sé, pero prefiero no saberlo).

Los conocidos rasgos del carácter de las personas que me rodean afloran como si se hubieran salido de su molde interior atravesando la piel hacia fuera. Todos se ponen su propio rostro como si fuera una máscara gigante: una sola mueca, manifiesta, que puede verse desde el gallinero. A veces se diría que cada uno ha escogido una postura primordial con la que cabalgar sobre la ola hasta que esta se rompa y todo se dirima en uno u otro sentido, lo que sea con tal de no hundirse (la que se enfada, se enfada treinta veces más; el que se preocupa, cuarenta veces más; la que es responsable, lo es ahora cincuenta veces más. Cien veces más).

---

[*] Hamás dio el nombre de "Diluvio de Al-Aqsa" a su ataque del 7 de octubre de 2023 contra Israel (N. de la T).

Vuelvo a casa al amanecer, me meto en la cama y me despierto aturdido. Me pregunto qué sentido tiene ahora escribir, qué sentido tiene la literatura, y la respuesta me repugna y ruboriza. Me parece que escribir ahora (y sobre todo escribir literatura) es imposible, es casi algo prohibido, ilógico. Y sin embargo escribo mientras intento convencerme de que escribir tiene una utilidad. (¿Pero qué utilidad? ¿Utilidad para quién? ¿Con qué propósito? ¿Para cuándo?). Por el contrario, sí puedo leer; y siento una sorprendente sed por la lectura, como hacía años no sentía. Así que parece ser que la lectura (por lo menos para mí) sí tiene una utilidad. Y puede que hasta también la tenga escribir, porque ambas te permiten tomar distancia y a la vez anular ese distanciamiento. Verlo y sentirlo todo al completo, pero no desde el centro de los acontecimientos ni desde nuestro lugar en ellos. Ver el cuadro al completo y notarlo todo con la máxima intensidad, pero sin nuestro criterio personal. Ver que nuestro lugar en la red de la colectividad es ineludible, ya seamos hebra o nudo, agujero o entramado, mosca o araña.

Y que cuando llega el viento y lo sacude todo, temblamos aterrados pensando que se va a romper. Zarandeados esperamos que todo termine. Zarandeados mientras los pies patalean rítmicamente: muerte, muerte, muerte.

EL CÓMPUTO
Tehila Hakimi

En las noticias cuentan los días, después ya los meses. Cuentan a los que perdimos, mil trescientos, y el cómputo sigue: asesinados, secuestrados, soldados muertos en batalla. Los muertos del otro lado también los cuentan, miles de ellos son niños. Es imposible hacerse cargo de esas cifras. También yo cuento las semanas, cuento los días: en mí, en el vientre, la quinta semana de guerra es la semana once. Según la aplicación del móvil es la etapa en la que se acelera el crecimiento, el feto duplica su tamaño en el transcurso de una semana. Crecerá cinco centímetros de largo; los dientes y las uñas también comienzan a desarrollarse en esta semana. Hay más de treinta niños secuestrados bajo tierra en Gaza. La tierra de Gaza tiembla, retumba, Hamás lanza misiles, el ejército bombardea; muchas de sus unidades ya están en «el corazón de la franja». Hay un bebé secuestrado, Kfir Bibas es su nombre, solo tiene diez meses. Pienso en él cada día, un bebé tierno. También su madre, Shiri, ha sido secuestrada en Gaza; rezo por que esté sana, ¿qué comerá él bajo tierra?, ¿cuándo lo volverán a traer aquí?, ¿cuándo verá Kfir Bibas la luz del sol?

Las primeras imágenes que se publicaron en las noticias estaban llenas de sangre y no había personas. En las habitaciones de los niños había sangre sobre las paredes y sobre las camas, sobre la ropa de cama y las muñecas. En las imágenes se ve mucha sangre por el suelo, en la entrada de la casa y en el pasillo que conduce al cuarto blindado; y así en una casa tras otra. Sangre, sangre y más sangre; sangre coagulada, oscura, carmesí. Muchos israelíes se precipitaron a los hospitales para donar sangre en las primeras semanas. En los medios pidieron a la audiencia que dejara de ir, excepto a los que tenían grupo sanguíneo O. Recogieron sangre y más sangre. En mi aplicación está escrito que en la semana once el flujo sanguíneo aumenta tanto que podría sentir calor en las manos y en los pies; también la sensación de sed aumenta. ¿Tienen agua bajo tierra? ¿Qué hacen si la sed se intensifica? ¿Qué agua beben allá los ancianos, los bebés, las mujeres y los hombres?

Durante las primeras semanas tuve la impresión de que mi hijo no sabía nada de la guerra, solo tiene dos años y cinco meses. Sé que a estas alturas debería contar su edad de otra manera: decir que tiene dos años y medio, pero en mi opinión tiene más sentido medir en meses un tiempo de amor como ese, sin igual. Si tuviera tiempo libre, lo mediría en minutos o segundos, pero no tengo ese privilegio. Desde el momento en el que se oye la sirena, tenemos noventa segundos para correr al cuarto blindado; es suficiente, tenemos suerte, nosotros estamos lejos. En todo caso, mi hijo no se pone nervioso en absoluto. Yo lo cojo y lo llevo dentro, mi pareja cierra la puerta, levanta la manilla del todo, hasta que se cierre. Mi hijo está contento cuando llevamos con nosotros al cuarto blindado su camión de la basura o uno de sus cuentos; se sienta en el suelo y escucha el cuento concentrado. Mientras yo intento distinguir los bums unos de otros, los de las puertas de los refugios y de los cuartos blindados de los de las explosiones de los misiles que caen o son interceptados, mi hijo mueve su camión de la basura adelante y atrás, adelante y atrás. En una ocasión, cuando la sirena sonó ya caída la noche, después de que él se hubiera ido a dormir, se despertó cuando ya estábamos dentro. Se alegró al descubrir que estábamos todos juntos en el cuarto blindado y nos pidió que nos quedáramos a dormir allí, en el suelo. Por supuesto, los niños secuestrados duermen en el suelo. Ojalá tengan por lo menos un colchón, una manta o una esterilla, algo que los separe del suelo húmedo, frío. ¿Cómo se puede siquiera dormir bajo tierra? Se supone que los seres humanos vivos duermen sobre la tierra.

Hay personas que hablan de la imposibilidad de conciliar el sueño; del sueño que les fue arrebatado, toda una nación no duerme. Yo estoy continuamente cansada, estoy agotada. Hay una explicación fisiológica para esto: mi cuerpo está gestando otro cuerpo dentro, sin pausa, pero también antes, desde siempre, dormía profundamente. Esa es una de mis virtudes: el sueño profundo. Es muy difícil despertarme, especialmente en mitad de la noche. El problema comienza cuando me despierto. ¿Cómo se puede uno volver a dormir sabiendo que hay doscientas cuarenta personas bajo tierra? Hay allá una niña de cuatro años que se llama Abigaíl. Su madre y su padre fueron asesinados en la matanza. No puedo soportar la idea de que ella esté allá sola, no se puede respirar sabiendo que esa niña, Abigaíl, se encuentra allá sola.

Hay una percepción distinta del tiempo ahora, todavía transcurre: minutos, horas, días, pero tiene una textura diferente, como un material cuya forma ha cambiado de repente y por sorpresa. La nueva forma es desconocida, está distorsionada, torcida. En la carrera de ingeniería había un concepto que se enseñaba en Resistencia de los materiales que se llamaba Módulo de Young, que es un parámetro de la elasticidad del material, una herramienta básica que indica la flexibilidad y la resistencia de cualquier material, en el sentido de que mide su resistencia bajo la aplicación de una fuerza y su posibilidad de volver a la forma original. Según la curva de Young, hasta un punto determinado la estructura del material se estira, no se deforma y es esperable que vuelva a su forma original gracias a su elasticidad, pero si se continúa ejerciendo sobre él más y más fuerza, las moléculas y los átomos que lo componen comienzan a deformarse. El material cambia para siempre, hasta convertirse en otro material, inesperadamente, con cualidades y características completamente distintas de las que tenía.

Han pasado casi veinte años desde que acabé el servicio militar. Poco menos de una semana después de licenciarme, hice un largo viaje por Nueva Zelanda y Australia. En las primeras semanas allí mis manos se acercaban de vez en cuando a mi espalda, con un movimiento casi imperceptible, hacia el punto de donde antes colgaba el M16. Después de algunas semanas, el cuerpo comenzó a acostumbrarse al nuevo contexto, a su postura no armada, se distanció gradualmente de los gestos, de las costumbres y de los movimientos militares.

Tras dos días de guerra, después de no haber salido para nada, bajé con mi hijo a dar un breve paseo. Estando fuera, intenté animarlo a ir en bicicleta y a jugar conmigo al fútbol. Quería que lanzara la pelota hacia arriba, por encima de los árboles, hasta la altura de los edificios. Mis intentos de lanzar la pelota de esponja hacia arriba lo divirtieron hasta el punto de que casi se cae para atrás, en la hierba. No había nadie más que nosotros allá y cada sonido de coche que pasaba me sobresaltaba. No paraba de recrear en mi cabeza, uno tras otro, escenarios de cómo reaccionar si de repente se escuchara una sirena. Sabía que no tendríamos suficiente tiempo para correr de vuelta hasta nuestra casa, noventa segundos no eran suficientes. Los otros edificios a nuestro alrededor estaban cerrados con llave. Después de tener en cuenta todas esas consideraciones y cálculos, decidí que lo mejor que podría hacer sería tumbarme en el suelo y dejar a mi hijo cerca de mí, incluso debajo de mí, de alguna manera, si fuera posible. Simplemente saltar sobre él como si saltara encima de una pelota. De repente, el movimiento de acercar la mano hacia la espalda, hacia el arma, no me pareció tan lejano.

Una semana antes de que mi primogénito naciera ya había habido una acción militar en Gaza. Fue en mayo de 2021. Hubo disturbios en todo el país y se oyeron las sirenas también en Tel Aviv. Estoy casi segura de que dieron a esa guerra u operación militar un nombre, pero no estoy segura de cuál fue, porque todos los nombres de esas operaciones suenan igual y parecen salidos de un generador de palabras automático: Espadas de hierro, Plomo fundido, Guardián de las murallas, Peñasco poderoso. Cada una de esas palabras simboliza fuerza, pero cuando se juntan se crean expresiones ambiguas, sin sentido. Durante una de esas guerras, escribí un poema que comenzaba así:

> Para los jefes de gobierno:
> a la guerra que se avecina,
> os lo ruego,
> ponedle vuestro nombre
> estoy harta de nombres sin significado
> como una roca, un material o una montaña.

En 2021 vivíamos en otro piso y no teníamos un cuarto blindado en casa, tampoco un refugio en el edificio. El refugio del barrio estaba en la esquina de la calle, pero me daba miedo correr hacia él, temía caerme, estando embarazada. Nuestra escalera estaba abierta al cielo y desde allí podían verse las interceptaciones de los misiles, llamaradas en el cielo. Durante una de las alarmas, una vecina de un edificio cercano salió al balcón y empezó a gritar con unos alaridos que no se entendían pero que todavía recuerdo. En ese momento yo ya contaba los días que me había pasado después de salir de cuentas. Mi primogénito podía nacer en cualquier momento. Recuerdo que me quedé allí en la escalera, llorando histéricamente, sin control, y que me abrazaba el enorme vientre suplicando que mi bebé permaneciera allí dentro. «Solo hasta que se acabe la guerra, solo hasta que paren las sirenas».

JUSTIN TRUDEAU
Oded Carmeli

Muchas veces he pensado en irme. Nunca he pensado en mi padre ni en mi madre. Una vez pensé en Amir, pero fue un pensamiento fortuito. Después pensé que había sido un pensamiento divertido. No el pensamiento de Amir en sí, sino el pensamiento de que hay pensamientos fortuitos. Más de una vez he pensado si es una prueba de realidad. Otras veces he pensado: ya no me iré de aquí nunca. En otras palabras, aquí moriré. Luego he pensado: en realidad todos los muertos morirán aquí, sea como sea. Y un tercer pensamiento: aunque cada muerto muera allí donde esté, no todos los muertos saben que allí donde se encuentran es también donde encontrarán la muerte. Al contrario. Pocos muertos lo saben. La mayoría tiene esperanza. Y siempre hay pensamientos. Por ejemplo, muchas veces he pensado en irme. Nunca he pensado en mi padre ni en mi madre. Una vez he pensado en Amir, pero fue un pensamiento fortuito. Y ahora ya es tarde en todo caso, se acabó. Me parece oírlos. En qué más he pensado. Rápido, en qué más he pensado. En mí no. En mí no he pensado. Y entonces he pensado: es divertido que no pienses en ti en un momento de peligro, un momento en el que solo deberías pensar en ti. He pensado: mano mía, ¿por qué no tiemblas más? Labios míos, ¿por qué no tembláis más? ¿Me habré descolgado de la evolución? Pero pensándolo mejor, he pensado que es natural. Es lo que se llama un ataque de desesperación. Pensar en otra cosa mientras algo está sucediendo. Escaparse mentalmente. Escapar a Canadá. Al fin y al cabo, muchas veces he pensado en irme algún día. Incluso me he preparado para irme. Antes se decía: levantarse e irse. Y se añadía: simplemente. Así se decía: simplemente levantarse e irse. Ya no se usa esa expresión. No sé por qué, pero me entristece mucho, me entran ganas de llorar por el hecho de que ya no se diga levantarse e irse y no se añada, tras una pausa: simplemente levantarse e irse. Porque yo también, como todos, he pensado en irme. Y no una sola vez. Que estaba en Canadá, pensé. Es decir, una vez, pensando en irme, pensé que estaba en Canadá. Pero entonces pensé: hay personas que viven allí y yo no conozco a nadie en Canadá. Es decir, no solamente no conozco personalmente a nadie que esté allí, sino que no conozco a ningún canadiense ni tan siquiera de nombre. Excepto a Justin Trudeau, el primer ministro de Canadá. Y a Amir. Qué pensamiento más divertido: pensar en Amir como si fuera un canadiense. El pensamiento de gritar para dentro, ¿se oye?: podía haberme ido. Tenía los medios, pero no tenía la intención. El pensamiento de explicar: decidí que no. Sabiendo muy bien que no decidí que no. Están afuera ahora. Creo que los oigo. Sé que siempre han estado fuera, solo que ahora, de repente, se han acercado muchísimo. Sin avisar. No digo ni palabra. Pienso que me gustaría hacer una declaración, quizá dar una entrevista (¿a quién?). Creo que me gustaría decir que no nos advirtieron. Y por otro lado, como entrevistadora de mí misma, considero importante recordar a los espectadores que aquí desde siempre se han oído sirenas. ¿Estaré sumida en mis pensamientos? Esto mismo es un pensamiento, lo que significa que estoy sumida en mis pensamientos. Antes se decía «sumido en sus pensamientos». Ya no se dice por aquí «está sumido en sus pensamientos». Todos están en sus pensamientos, con sus pensamientos. Pensé: en Canadá todavía están sumidos en sus pensamientos. Pero con el poder de la mente, podía imaginar a una persona sumida en sus pensamientos solo desde fuera. Como en una película muda. La persona sumida en sus pensamientos anda, anda, anda y se tropieza contra un poste sin darse cuenta. Se golpea la cabeza y cae en la nieve. Su sangre enrojece la nieve. Pienso en que la nieve absorbe la sangre mejor que la arena. En todo caso, no pude ver en qué pensaba el hombre. Quiero decir, en qué estaba pensando antes. Allá en Canadá. Es decir: en qué se piensa en Canadá. En mí, quizá. Si Amir hubiese oído ya las noticias (¿qué hora es allí?), entonces yo sería su pensamiento. Un pensamiento divertido: ser de repente un pensamiento. Darse con un poste así, por mi culpa. Creo que he cerrado las persianas. No los veo. Creo que es cuestión de tiempo, es decir, de poco tiempo. Lo repito (¿por última vez?). Muchas veces he pensado en irme. Nunca he pensado en mi padre ni en mi madre. Una vez pensé en Amir. Más de una vez, si contamos también esta vez. Es decir, si consideramos ahora. Mi padre intentó manipularme con buenas intenciones. Fue (¿dónde?; aquí) y me compró un dólar canadiense. Lo que se llama otra divisa. Y pensé: creo que ni tan siquiera sé quiénes son las personalidades que hay en los billetes. Porque, como ya he dicho y pensado, no conozco por el nombre a ningún canadiense excepto, quizá, a Justin Trudeau. Y a Amir. Estuve a punto de añadir: mi. Un pensamiento divertido. Mi Amir impreso en un dólar canadiense. Tampoco Justin Trudeau está. Sabido es que no se estampan caras de personas vivas en los billetes. Y así se acabaron mis especulaciones. Rechacé a mi padre. Creo que con razón. Recuerdo que con rabia. ¿Los canadienses no tienen generales, exploradores, santos? Que los tengan para ponerlos en las monedas. He pensado que pienso en ellos más de lo que me preocupo por mí misma. Está muy oscuro aquí o sombrío. Creo que he apagado la luz o que allí es de noche. No importa. No soy visible para ellos. Los oigo muy bien. Las hojas secas o muertas que pisotean sus zapatos o botas. Y esos gritos. Parecen indicaciones, instrucciones, órdenes. En todo lo que me faltó pienso. Pienso en Justin Trudeau. Pienso: dónde estará ahora Justin Trudeau y dónde estoy yo. No, yo ya nunca me iré de aquí. Su lengua me resulta extranjera y cercana. Entiendo solo algunas palabras. Ven, o vete. Y siempre el *yallah, yallah, yallah*. Que se puede traducir libremente como adelante, adelante, adelante. Un pensamiento divertido, ya que me he quedado aquí, atrás. Ya que estoy en la popa. Escondida. Las sombras se aclaran ahora desde aquí. Creo que reconozco unos remos ncgros. Muchas veces he pensado en irme. Nunca he pensado en mi padre ni en mi madre. Más de una vez pensé en Amir, pero fueron pensamientos fortuitos. Creo que están aquí. Sé que yo sí estoy aquí.

ANTES DE LA MASACRE
Maxim Biller

Ira, de Nueva York, se sentaba detrás de Anna y de mí en la formidable sala de desayunos del hotel King David de Jerusalén, y hablaba a voces de pistas de tenis, de una nueva casa que quería construirse y de cinco millones de dólares. Debía de tener unos sesenta años, pero su aspecto era más joven, de cincuentón deportista, con algo de barriga y la complexión de acero de la generación de posguerra. Como todos los hombres y niños que le escuchaban sentados a la gran mesa redonda, llevaba una kipá discreta, vaqueros, y unas zapatillas de deporte sencillas. Era el segundo o el tercer día de *Sucot*, y el hotel de cinco estrellas conocido en todo el mundo rebosaba de gente como ellos.

«Me he servido demasiada comida del bufé», le dije a Anna, que en ese momento forcejeaba con una torrija enorme. «Luego saldré al jardín a fumar», dijo, «y después iré otra vez a nadar». «¿Y si vuelvo a colocar disimuladamente mis dos cruasanes?». «Yo iré», dijo ella. «Piénsatelo». «¿El qué?». «Si luego vas a acompañarme». «He estado muchas veces en el Muro de las Lamentaciones», dije; «y, de todos modos, no creo en Dios». «Sí, lástima».

Cuando Anna se marchó, me volví hacia aquel hombre risueño que tenía detrás y le pregunté en inglés de dónde venía: «*Hi! So, where do you guys come from?*». Su rostro rollizo y pequeño se ensombreció. «Yo soy de Berlín», me apresuré a añadir, «aunque de hecho soy de Múnich; en realidad, de Praga». «Nosotros somos de Nueva York y Long Island», me dijo en voz alta para que le oyeran todos en su mesa. Luego me habló de sus padres y de sus abuelos, que habían tenido que ocultarse de los alemanes en Polonia. Después llegó Estados Unidos, donde Ira —entretanto ya nos habíamos presentado— nació en 1960. «Mi padre aún tuvo que trabajar en el depósito de chatarra de Hoboken», dijo Ira de forma elocuente. Y nada más. Que todos los años reservaba para *Sucot* por medio millón de dólares dos docenas de habitaciones para su enorme familia en el King David lo supe más tarde, por uno de los empleados árabes, solícitos en extremo, del hotel. «Ira, ¿hasta qué punto Estados Unidos es seguro hoy en día?». «¿Para nosotros?». «Para nosotros». «No sé lo que será de mis hijos. Cada vez hay más antisemitas a la derecha y a la izquierda». «¿Israel es la respuesta?», pregunté con un tono algo fervoroso. «Israel. Tal vez. Sí».

El día anterior Anna y yo habíamos viajado en tren desde Tel Aviv para pasar una noche en Jerusalén. En la estación tomamos un taxi hasta Rehavia, donde en el pasado habían vivido muchos judíos alemanes. En el café Efraim, el chef, que todo el mundo llamaba simplemente Efi, nos estaba esperando. Era delgado, pero también grueso, y no paró de servirnos pequeños cuencos de ensaladas y salsas. «Jerusalén tiene alma —dijo dos o tres veces seguidas—.

Tel Aviv solo está llena de porquería y gente arrogante». En el taxi que nos condujo al hotel admiré las fachadas de arenisca de Jerusalén, apacibles y de tonos claros, la elegancia de los edificios gubernamentales y de los museos, y las calles limpias. Me dije que Efi tenía razón. Jerusalén era el París o la Ginebra de Oriente Próximo y al día siguiente yo solo esperaba no acabar, como siempre, junto al Muro de las Lamentaciones.

¿Y qué ocurrió a la mañana siguiente? Tras el cigarrillo y los dieciséis largos en la gran piscina azul reluciente del hotel, Anna se vistió a toda prisa y cogimos un coche que nos llevó directamente al Muro de las Lamentaciones. Después de que ella se perdiera entre la enorme cantidad de mujeres a mano derecha —como siempre la más hermosa, con su andar orgulloso de Cleopatra—, yo me dirigí hacia la izquierda arrastrando los pies para unirme a los hombres. Ella tenía la esperanza de experimentar, como tres años antes, una sensación muy profunda al tocar las piedras del antiguo templo. Yo tenía la esperanza de que el día acabara pronto y volviésemos a sentarnos en nuestro balcón de Tel Aviv. Poco después, a salvo del calor de septiembre, me encontré en la sinagoga subterránea, en el extremo norte del Muro, contemplando a los fieles que rezaban y preguntándome por qué tantos se parecían a mi padre con su barba y sus *peyot**. De pronto sentí que tenía un par de milenios, igual que los hombres y las piedras de allí, y cuan-

---

* *Peyot*: Tirabuzones o guedejas que se dejan crecer en la zona de la patilla los hombres de algunos sectores religiosos judíos (N. de la T).

do ya muy tarde salí al exterior y vislumbré por fin a Anna en medio de aquel caos de gente, supe de inmediato que ella no había experimentado nada en especial. «¿Por qué me has dejado plantada tanto rato con este calor?», dijo molesta. «Maldita Jerusalén», le dije, «creo que he empezado a creer en Dios». «Entonces debemos salir de aquí a toda prisa», dijo agarrándome con fuerza del codo.

Todo esto ocurrió pocos días antes del gran pogromo de Hamás. ¿Acaso ya entonces percibí la amenaza? En Tel Aviv no, pero en Jerusalén, tal vez sí. Tuve la certeza absoluta de que Ira de Nueva York no enviaría jamás a sus hijos a Israel porque su familia ya había escapado una vez, en el último segundo, del exterminio. ¿Para qué arriesgarse de nuevo, esta vez en el anillo de fuego de los cohetes de Hizbulá y de Hamás? Me había percatado de que el amable y anciano portero árabe del hotel King David, de que las dos estudiantes árabes del selecto instituto Van Ler a quienes les había pedido indicaciones, solo seguirían actuando de forma pacífica con la gente como yo mientras fuésemos más fuertes. Y que Dios, después de todo, no existía, lo supe a más tardar cuando Anna y yo fumamos el primer cigarrillo de la noche en el balcón de Tel Aviv. Sin embargo —me digo ahora desde aquí, desde mi escritorio seguro de Berlín, en la Zionskirchplatz— Dios, de existir, debería arrojar otra vez y de inmediato las diez plagas sobre los enemigos de Israel. A fin de cuentas, ya hace demasiado tiempo que no tenemos noticias suyas.

Octubre de 2023

INVITACIÓN AL DUELO
Yaara Shehori

Venid a llorar con nosotros. Hay sitio bajo el árbol quemado, al lado de la casa destrozada, hay bastante sitio en el refugio acribillado, en el campo cuyas semillas maduran y se pudren en el tallo. Aquí las madres lloran a sus muertos; aquí un hermano se tatúa en el brazo la imagen de su hermana muerta; aquí están los jóvenes que huyeron de los disparos; aquí los últimos mensajes enviados: estamos aquí, nos están matando. Salvadnos. Están aquí. Aquí un padre espera a su mujer y a los hijos que les fueron arrancados. Alguien ya está limpiando las casas en Beeri, en Kfar Aza, en Nir Oz. De las balas. De las manchas de sangre. Los jóvenes todavía corren detrás de las aves en el cielo. Se dicen los unos a los otros que las aves conocen el camino. Saben huir del peligro. Yo aún espero que sean rescatados. En sus muñecas lucen las pulseras de identificación de la fiesta. Un mes después se puede comprar una pulsera solidaria. Aquella fiesta sigue, las piernas rosadas atravesadas por los disparos, los salvados, los supervivientes, los asesinados, las chicas muertas, el campo lleno de cadáveres, las balas que quedaron en las casas. La devastación. La lenta y prolongada masacre. Los secuestros. Signos de la destrucción. Aquí está el autobús con sus pasajeros ancianos a los que dispararon. Aquí nos sentamos y lloramos. Aquí están los bebés. No hablaré de los bebés. Aquí. Demasiadas historias se han contado sobre esta tierra, demasiados nombres se le han dado. La sangre siempre es antigua. La sangre siempre es nueva. En mi caso, solo los ojos están llenos de sangre. Las arterias están cerradas. Sigo de pie en la cocina escuchando las noticias, desde el siete de octubre. El comienzo de la *shivá*, el período de duelo de siete días, del que no nos hemos recuperado. Niñas que echan de menos sus casas. Niños que no concilian el sueño. Pastillas para dormir. Pastillas tranquilizantes. Solo cuando nos movemos estamos bien. Haz algo. Viaja. Mira. Quédate de pie en la plaza. Átate un lazo amarillo. Y otro más. ¿A quién hará volver? Llamo a mi amiga y nos quedamos en silencio. «¿Cómo estás?», pregunta ella. «Como todos». De repente hay un «todos», pero no hay nadie. Otra vez es sábado por la mañana. Los niños de los kibutz y de los pueblos se despiertan presa del pánico. Los que están seguros en camas que no son las suyas. Los que pusieron al seguro. Los que aún se pueden consolar. Cómo confiarán en nosotros. ¿Es más fácil quedarse dormido en una pesadilla o despertarse en ella? En mi sueño una niña sin ojos me llama mamá. La reconozco, pero este también es un sueño.

Hay una realidad: más muertos. Más banderas. Una niña pregunta dónde están sus zapatitos. Por qué los cogieron. Más fotos desgarradas. Por las calles de las ciudades vacías, las madres cogen de la mano a los niños con ternura o con demasiada fuerza. Por las calles de las ciudades, miro las caras. Huelo el humo todo el tiempo. No huelo nada. Sábado por la mañana. Todavía es sábado por la mañana. El tiempo se detiene. La camioneta blanca sigue avanzando. Jóvenes tumbados sobre la tierra. Ya les han disparado. La muerte baila a su alrededor. Ven las voces. Agarran la puerta. No hay puerta. Nosotras somos las mujeres. Los abuelos. Los niños. Los trabajadores. Los jóvenes bailando. La niña y su padre. El niño. El padre. El hombre solo. La orquesta que toca al lado de su tumba. La orquesta que tocó. Las familias. Los muertos. Los secuestrados. Los raptados. Los que viven en este momento bajo tierra. Reino de tinieblas. ¿Estamos vivos?

Esta es una invitación al duelo. Una invitación al dolor. Una invitación a que la ceniza cubra nuestras manos para que dejen huellas dactilares sobre cada ventana. Una invitación a conocer a todos por sus nombres. Venid. Volved. No estamos despiertos, pero lo estamos. El niño intenta pellizcarse y despertarse de la pesadilla mientras su madre aguanta la puerta. Dudo una vez más: ¿Estamos vivos?

Nosotros somos los que esperamos. Nosotros los esperamos como nos han enseñado a esperar. *Te ruego, oh, Dios, que nos sanes ahora*. Una madre le canta una nana a su hijo secuestrado. El duelo bajó a la tierra, se arrastra con pesadumbre detrás del horror. Aprendimos a esperar y lo olvidamos. Miramos por la ventana. Nosotros, que nos sobresaltamos por cada ruido. Nosotros, que vivimos en ciudades en las que de golpe se han acumulado más y más armas de fuego, demasiado tarde para proteger lo que ya no existe, para no proteger nada. Nosotros, que sabemos que el parque no tenía guardián, que la viña fue profanada y la casa quemada. Bajo un techo de hormigón, como en el vientre de la bestia, esperamos con ojos desorbitados una hora, miles de horas. Sobre nuestras mesas hay pan de lágrimas; nuestros labios murmuran. Vendrán, desde el mayor hasta el más joven. A cualquier hora podrán volver, a cualquier hora. En cualquier momento. No ahuyentemos la esperanza. El hijo de una amiga mía dijo: «Quizá haya un milagro». Ya nos sucedieron milagros. Un mar que fue cruzado. Un niño que vuelve. Todos los niños. Todas las personas. Y un río de lágrimas nos rodea.

12.11.2023

COLISIÓN
Aryeh Attias

Una vez estaba en el estrecho de Malaca en ruta hacia Singapur, yo era un joven tercer oficial de puente en el turno de mañana, el mar estaba en calma y liso como un espejo, la visión era excelente, el sol asomaba entre las nubes y un olor dulce de tierra firme flotaba en el aire. Noté un barco a babor a una gran distancia, quizá a quince millas, que aceleraba hacia nosotros en rumbo de colisión. Ahora, según el derecho marítimo, dado que el barco había aparecido a babor, se supone que yo tendría que seguir navegando en la misma dirección y él, el oficial de puente del otro barco, debería tomar medidas preliminares y cambiar de rumbo a una distancia segura. Pero si hay algo que odio es estar sentado esperando a que del otro lado se decidan amablemente a tomar las medidas requeridas para evitar una colisión. Quizá el oficial del otro barco estaba ocupado en el cuarto de derrota y no se había percatado de nuestra presencia; o quizá se trataba de un idiota que no conocía el derecho marítimo. Esas y otras preguntas me estaban arruinando aquella fantástica mañana, por eso preferí cambiar de rumbo virando unos grados a estribor, por un breve período de tiempo solamente, cruzar la derrota del otro barco y librarme de él.

Poco después la puerta del puente se abrió con ímpetu y el capitán irrumpió.

Probablemente había visto el barco que se acercaba desde la ventana de su despacho debajo del puente y había subido rápidamente tras notar nuestro cambio de rumbo.

—¿Qué piensas hacer? —me gritó y cerró con fuerza la puerta tras de él.

—Solo he cambiado el rumbo unos pocos grados, para deshacerme de ese pesado y después volver a nuestra ruta.

—¿Y qué dice el derecho marítimo en estos casos? —preguntó frotándose las manos—. ¿O estabas durmiendo cuando te lo enseñaron en la escuela?

—De acuerdo al reglamento él debería cambiar la derrota, pero pensé que, ya que es un caso extremo, casi proa contra proa, pues quizá mejor virar...

—No es casi proa contra proa —me interrumpió, y me indicó el barco que teníamos a babor—. Actúa según el reglamento, por favor —dijo, y me ordenó volver a la derrota original, es decir, al rumbo de colisión.

El capitán esperó con calma hasta que la distancia entre los barcos se redujo a cinco millas; entonces comenzó a moverse incómodo en su silla. En pocos minutos, si nadie cambiaba el rumbo, los barcos chocarían. Estando a cuatro millas ya no se podría esperar más.

—¡Por qué ese idiota no se da la vuelta! —exclamó poniéndose de pie de un salto para correr después hacia el equipo de radio en la esquina del puente.

Llamó al barco por el canal de emergencia y le exigió que diera la vuelta y cambiara su rumbo, según lo fija el derecho marítimo internacional. Pero como no le llegó respuesta, se puso en contacto otra vez mientras los barcos avanzaban acercándose el uno al otro en aquella mañana de un bonito día con excelente visión, hasta que llegamos al punto tras el cual ya no sería posible evitar la colisión.

—¡Timón todo a babor! —me gritó el capitán, y yo, que ya estaba de pie detrás del timón preparado para cumplir cualquier orden que viniera de él, noté en ese preciso instante que la proa del otro barco comenzaba a virar a babor, es decir, que por fin había reparado en nosotros y había girado todo el timón a estribor, y si hubiéramos virado en la misma dirección, habríamos colisionado con toda seguridad, y por eso desobedecí la orden del capitán, giré el timón a estribor y los barcos pasaron uno al lado de otro, tan cerca que se hubiera podido saltar de un puente al otro.

PARTICIPANTES

Oded Wolkstein (Israel) es editor y traductor. Ha traducido al hebreo obras de Edgar Allan Poe, Thomas Wolfe, Joyce Carol Oates y H. P. Lovecraft, entre otros.

Joshua Cohen (Estados Unidos) es autor de diez libros. Su última novela, *The Netanyahus*, fue galardonada en 2021 con el Premio Nacional del Libro Judío y, en 2022, obtuvo el Premio Pulitzer de ficción. Reside en Nueva York.

Dror Mishani (Israel) es escritor y profesor en el departamento de literatura de la Universidad de Tel Aviv. Ha escrito cinco novelas que han sido traducidas a veinte idiomas y adaptadas a la televisión y al cine.

Elisa Albert (Estados Unidos) es autora de las novelas *Human Blues*, *After Birth* y *The Book of Dahlia*.

Maayan Eitan (Israel) es escritora. Su primera novela, *Amor*, fue publicada en hebreo en 2020. La versión inglesa, de 2022, llevada a cabo por ella misma, fue galardonada con el Premio Nacional al Libro Judío de Ficción Hebrea. Su segunda novela, *El grito*, se publicó en 2023.

Asaf Schurr (Israel) es escritor, traductor, editor y autor de siete novelas. En *El oso*, publicada en 2023, describe un Israel durante los días que siguen a una catastrófica guerra.

Tehila Hakimi (Israel) es poeta y prosista. Ha publicado hasta la fecha cinco libros. El último, la novela *Disparar en América*, vio la luz en 2023 en la editorial Achuzat Bayit.

Oded Carmeli (Israel) es poeta y editor de la revista *Hava Lehaba* y de la editorial Hava La'or, centrada en literatura experimental.

Maxim Biller (Alemania) es un escritor alemán. Nacido en Praga, se trasladó con su familia de Checoslovaquia a Alemania en 1970. Su última novela, la superventas *Mama Odessa*, ha sido unánimemente aclamada por los lectores y por la crítica.

Yaara Shehori (Israel) es una prosista y poeta ganadora de numerosos premios literarios entre ellos el Premio Agnon. La versión inglesa de su obra *Aquarium* fue publicada en 2021 por Farrar, Straus and Giroux.

Aryeh Attias (Israel) es un marino, pescador y controlador de cisternas de combustible. Grafómano en sus horas libres, en ocasiones escribe cuentos de calidad.

TRADUCTORAS

Ana Bejarano es profesora de lengua y literatura hebreas en la Universidad de Barcelona y traductora literaria con más de sesenta obras traducidas. Recibió el Premio Nacional a la Mejor Traducción 2016 por la novela *Gran Cabaret*, de David Grossman.

Erica Consoli es doctora en Estudios lingüísticos, literarios y culturales por la Universidad de Barcelona, especialista en poesía *mizrahí* y apasionada por la literatura. Es además traductora literaria y profesora de hebreo.

Marta Mabres es licenciada en Traducción e Interpretación por la UAB, con posgrado en Traducción literaria, de inglés y alemán por la UPF. Traduce también del neerlandés al castellano y catalán, así como del catalán al castellano, tanto textos técnicos, como libros de ficción y ensayos. Además de traducir para distintos sellos de Penguin Random House y para la editorial Nagrela, ejerce como correctora independiente para distintas publicaciones y asesora en proyectos de traducción.

Elena Fresco es licenciada en Filología Hispánica por la Universidad de Vigo y máster en Traducción e Interpretación Simultánea por la Heriot Watt University de Edimburgo. Se dedica a la traducción editorial y literaria (ha traducido alrededor de veinte libros), y a la interpretación simultánea. Sus lenguas de trabajo son el inglés, el portugués y el gallego.

CORRECTOR

Juan Carlos Chirinos es novelista, cuentista, biógrafo, investigador literario, editor de textos y profesor de escritura creativa. Colabora con Nagrela desde hace tres años, trabajo que realiza tanto para otras editoriales como para asesorar a escritores e investigadores que escriben en español o quieren publicar sus textos en esta lengua. Ha publicado novelas, relatos, biografías y ensayos. Ha hecho ediciones críticas de libros de Jorge Edwards, José Balza y Thomas Carlyle, entre otros. Colabora con el diario *El Nacional*, de Caracas, y *Cuadernos Hispanoamericanos*, *Letras Libres* y *The Objective*, todos en Madrid. Vive en España desde 1997.

NAGRELA
editores

Este libro
se terminó de imprimir
en Madrid
en mayo de 2024